大方廣佛華嚴經 寫經

13

🪷 일러두기

1. 『사경본 한글역 대방광불화엄경』은 『독송본 한문·한글역 대방광불화엄경』에 수록된 한글역을 사경하는 데 편의를 도모하기 위해 편집을 달리하여 간행한 것이다.

2. 『독송본 한문·한글역 대방광불화엄경』은 실차난타가 한역(695~699)한 80권 『대방광불화엄경』의 한문 원문과 한글역을 함께 수록한 것이다. 한문 저본은 고종 2년(1865) 월정사에서 인경한 고려대장경 『대방광불화엄경』이다.

3. 한글 번역은 동국역경원에서 발간한 한글 『대방광불화엄경』(운허)을 중심으로 하고 『신화엄경합론』(탄허)과 『대방광불화엄경 강설』(여천무비) 그리고 최근의 여타 번역본 등을 참조하였다.

4. 한글 번역은 독송과 사경을 위하여 정확성과 아울러 가독성을 고려하였다. 극존칭은 부처님과 불경계에 대해서만 사용하였다.

5. 사경본의 차례는 일러두기 → 한글역 본문 → 화엄경 목차 → 간행사이며 80권 『대방광불화엄경』의 권별 목차 순으로 독송본과 함께 간행한다. (법공양판에는 간행사 다음에 간행불사 동참자를 밝혀 두었다.)

사경본 한글역
대방광불화엄경 제13권

9. 광명각품
10. 보살문명품

수미해주

⓭

대방광불화엄경 제13권 변상도

대방광불화엄경
제13권

9. 광명각품

_____ 은(는)『대방광불화엄경』을
사경하는 인연공덕으로
『화엄경』이 널리 유통되고
우리 모두 다함께 보리 이루기를 발원하옵니다.

대방광불화엄경
제13권

9. 광명각품

그때에 세존께서 두 발바닥으로부터 백억 광명을 놓으셔서 이 삼천대천세계의 백억 염부제와 백억 불바제와 백억 구야니와 백억 울단월과 백억 대해와 백억 윤위산과 백억 보살의 태어남과 백억 보살의 출가와 백억 여래의 정각을 이루심과 백억 여래의 법륜을 굴리심과 백억 여래의 열반에 드심과 백억 수미산왕과 백억 사천왕중천과 백억 삼십삼천과 백억 야마천과 백억 도솔천과 백억 화락천과 백억 타화자재천과 백억 범중천과 백억 광음천과 백억 변정천과 백억 광과천과 백억 색구경천을 비추시니, 그 가운데 있는 것이 모두 다 분명하게 나타났다.

　이곳에서 부처님 세존께서 연화장 사자좌에 앉으셨는데 열 부처님 세계 미진수의 보살들에게 함께 둘러싸여 계시는 것을 보는 것과 같이, 그 백억 염부제 가운데 백억 여래께서도 또한 이와 같이 앉으셨다.

모두 부처님의 위신력으로 시방에 각각 한 큰 보살이 있고, 낱낱 보살이 각각 열 부처님 세계 미진수의 모든 보살들과 함께 부처님 처소에 나아갔다.

그 이름은 문수사리 보살과 각수 보살과 재수 보살과 보수 보살과 공덕수 보살과 목수 보살과 정진수 보살과 법수 보살과 지수 보살과 현수 보살이었다.

이 모든 보살들이 좇아온 바 국토는 이른바 금색세계와 묘색세계와 연화색세계와 담복화색세계와 우발라화색세계와 금색세계와 보색세계와 금강색세계와 파려색세계와 평등색세계였다.

이 모든 보살들이 각각 부처님 처소에서 법행을 깨끗이 닦았으니, 이른바 부동지불과 무애지불과 해탈지불과 위의지불과 명상지불과 구경지불과 최승지불과 자재지불과 법지불과 관찰지불이셨다.

그때에 일체처의 문수사리 보살들이 각각 부처님 처소에서 동시에 소리를 내어 이 게송을 설하여 말씀하였다.

만약 어떤 이가 정각은
해탈하여 모든 번뇌를 여의고
일체 세간에 집착하지 않는 줄로 보면
그는 도안을 증득한 것이 아니로다.

만약 어떤 이가 여래는
체성과 모양이 없음을 알아서
닦고 익혀 명료함을 얻으면
이 사람은 빨리 부처를 지으리라.

능히 이 세계를 보되
그 마음이 요동하지 않고
부처님 몸에 대해서도 또한 그러하면
마땅히 수승한 지혜 있는 이가 되리라.

만약 부처님과 법에
그 마음이 평등함을 요달하여

두 생각이 앞에 나타나지 아니하면
마땅히 생각하기 어려운 지위에 오르리라.

만약 부처님과 자신이
평등하게 안주하여
머무름도 없고 들어간 바도 없음을 보면
마땅히 만나기 어려운 이가 되리라.

색온과 수온이 무수하며
상과 행과 식도 또한 그러하니
만약 능히 이와 같이 알면
마땅히 대모니가 되리라.

세간과 출세간의 견해에
일체를 다 초월하여
능히 법을 잘 알면
마땅히 큰 빛을 이루리라.

만약 일체지에
회향하는 마음을 내되
마음이 나는 바가 없음을 보면
마땅히 큰 명칭을 얻으리라.

중생은 생겨남도 없으며
또한 다시 무너짐도 없으니

만약 이와 같은 지혜를 얻으면
마땅히 위없는 도를 이루리라.

하나 가운데 한량없음을 알고
한량없음 가운데 하나를 알아서
그것이 서로 생겨 일어남을 알면
마땅히 두려울 바 없음을 이루리라.

그때에 광명이 이 세계를 지나서 동방으로 열 부처님 국토를 두루 비추었다. 남방과 서방과 북방과 네 간방과 상방과 하방도 또한 다시 이와 같이 하였다. 그 낱낱 세계 가운데 다 백억 염부제와 내지 백억 색구경천이 있는데, 그 가운데 있는 것이 모두 다 분명하게 나타났다.

이곳에서 부처님 세존께서 연화장 사자좌에 앉으셨는데 열 부처님 세계 미진수의 보살들에게 함께 둘러싸여 계시는 것을 보는 것과 같이, 그 낱낱 세계 가운데에도 각각 백억 염부제가 있는데 백억 여래께서 또한 이와 같이 앉으셨다.

모두 부처님의 위신력으로 시방에

각각 한 큰 보살이 있고, 낱낱 보살이 각각 열 부처님 세계 미진수의 모든 보살들과 함께 부처님 처소에 나아갔다.

그 큰 보살은 문수사리 등이며, 좇아온 바 국토는 금색세계 등이며, 본래 섬기던 부처님은 부동지여래 등이셨다.

그때에 일체처의 문수사리 보살들이 각각 부처님 처소에서 동시에 소리를 내어 이 게송을 설하여 말씀하였다.

중생들이 지혜가 없어서
애욕의 가시에 상한 바가 됨이라
그들을 위해 보리를 구하시니
모든 부처님의 법이 이와 같도다.

모든 법을 널리 보시고
두 변을 다 버리고 여의시니
도를 이루어 길이 물러나지 않으시고
이러한 같음이 없는 법륜을 굴리시도다.

불가사의한 겁 동안
정진하여 온갖 행을 닦으심은

모든 중생들을 제도하시기 위함이니
이것은 큰 신선의 힘이로다.

도사께서 온갖 마군들을 항복받으심이
용맹하여 능히 이길 이 없음이라
광명 가운데서 미묘한 뜻을 연설하시니
자비하신 까닭에 이와 같도다.

그 지혜의 마음으로
모든 번뇌장을 깨뜨리셔서
한 생각에 일체를 보시니
이것은 부처님의 위신력이로다.

정법의 북을 두드리셔서
시방 세계를 깨우치시어
다 보리에 나아가게 하시니
자재하신 힘이 능히 이러하도다.

가없는 경계를 무너뜨리지 않고
모든 억 세계에 노닐되
유에 집착하는 바가 없으면
그 자재함이 부처님과 같도다.

모든 부처님은 허공과 같으셔서
끝까지 항상 청정하시니

생각하고 환희를 내면
저 모든 원을 구족하도다.

낱낱 지옥 속에서
한량없는 겁을 지내셨으니
중생들을 제도하시기 위한 까닭에
이런 고통을 능히 견디셨도다.

몸과 목숨을 아끼지 아니하시고
항상 모든 불법을 보호하시니
'나'가 없어 마음이 부드러워
능히 여래의 도를 얻으셨도다.

그때에 광명이 열 세계를 지나서 동방으로 백 세계를 두루 비추었다. 남방과 서방과 북방과 네 간방과 상방과 하방도 또한 다시 이와 같이 하였다. 그 모든 세계 가운데 다 백억 염부제와 내지 백억 색구경천이 있는데, 그 가운데 있는 것이 모두 다 분명하게 나타났다.

그 낱낱 염부제 가운데 여래께서 연화장 사자좌에 앉으셨는데 열 부처님 세계 미진수의 보살들에게 함께 둘러싸여 계시는 것을 다 보았다.

모두 부처님의 위신력으로 시방에 각각 한 큰 보살이 있고, 낱낱 보살이 각각 열 부처님 세계 미진수의 모든 보살들과 함께 부처님 처소에 나아갔다.

그 큰 보살은 문수사리 등이며, 좇아 온 바 국토는 금색세계 등이며, 본래 섬기던 부처님은 부동지여래 등이셨다.

그때에 일체처의 문수사리 보살들이 각각 부처님 처소에서 동시에 소리를 내어 이 게송을 설하여 말씀하였다.

부처님께서 법이 환과 같음을 아시고
통달하여 장애가 없으시며
마음이 청정하여 온갖 집착을 여의셔서
모든 군생들을 조복하시도다.

혹은 보니 처음 태어나실 적에
미묘한 빛이 금산과 같으시어
이 최후신에 머무르셔서
길이 사람 가운데 달을 지으셨도다.

혹은 보니 경행하실 때에
한량없는 공덕을 갖추시며

생각과 지혜가 다 매우 교묘하시어
대장부의 사자걸음 걸으시도다.

혹은 보니 검푸른 눈으로
시방을 관찰하시고
어떤 때는 웃음을 지으시며
중생들의 욕망을 수순하시도다.

혹은 보니 사자후와
수승하여 비할 데 없는 몸으로
최후생을 나타내 보이시며
설하시는 것이 모두 다 진실하도다.

혹은 보니 출가하시어
일체 속박에서 해탈하시고
모든 부처님의 행을 닦으셔서
항상 즐거이 적멸을 관하시도다.

혹은 보니 도량에 앉으셔서
일체 법을 깨달아 아시고
공덕의 피안에 이르시어
어리석고 어두운 번뇌를 다하셨도다.

혹은 보니 수승한 대장부가
대비심을 구족하시어

미묘한 법륜을 굴리셔서
한량없는 중생들을 제도하시도다.

혹은 보니 사자후 하심이
위엄과 광명이 가장 특수하셔서
일체 세간에서 뛰어나시니
신통력이 같을 이 없도다.

혹은 보니 마음이 고요한 것이
세간의 등불이 길이 소멸한 것 같으나
갖가지로 신통을 나타내시니
십력이 능히 이와 같도다.

그때에 광명이 백 세계를 지나서 동방의 천 세계를 두루 비추었다. 남방과 서방과 북방과 네 간방과 상방과 하방도 또한 다시 이와 같이 하였다. 그 낱낱 세계 가운데 모두 백억 염부제와 내지 백억 색구경천이 있는데, 그 가운데 있는 것이 모두 다 분명하게 나타났다.

그 낱낱 염부제 가운데 여래께서 연화장 사자좌에 앉으셨는데 열 부처님 세계 미진수의 보살들에게 함께 둘러싸여 계시는 것을 다 보았다.

모두 부처님의 위신력으로 시방에 각각 한 큰 보살이 있고, 낱낱 보살이 각각 열 부처님 세계 미진수의 모든 보살들과 함께 부처님 처소에 나아갔다.

그 큰 보살은 문수사리 등이며, 좇아온 바 국토는 금색세계 등이며, 본래 섬기던 부처님은 부동지여래 등이셨다.

그때에 일체처의 문수사리 보살들이 각각 부처님 처소에서 동시에 소리를 내어 이 게송을 설하여 말씀하였다.

부처님께서 매우 깊은 법을
통달하시어 더불어 같을 이 없음이라
중생들이 알 수 없어서
차례로 열어 보이시도다.

'나'의 자성이 일찍이 있지 않으며
'나'의 소유 또한 공적한데
어찌 모든 여래께서
그 몸이 있음을 얻으시리오.

해탈과 지혜와 행이
수없고 짝도 없으니

세간의 모든 논리와 헤아림으로
허물을 구하여도 얻지 못하도다.

부처님은 세간의 온과
계와 처의 생사법이 아니셔서
숫자의 법으로 이를 수 없으니
그러므로 사람 가운데 사자라 이름하도다.

그 체성이 본래 공적하고
안과 밖으로 함께 해탈하시어
일체 망념을 여의셨으니
같음 없는 법이 이와 같도다.

체성은 항상 움직이지 아니하여
'나'도 없고 오고 감도 없으시나
능히 세간을 깨우치셔서
가없이 다 조복하시도다.

항상 적멸이 한 모양이고
둘이 없음을 즐겨 관하시니
그 마음은 늘거나 줄지 아니하나
한량없는 위신력을 나타내시도다.

모든 중생들의
업보와 인연행을 짓지 않고

걸림 없음을 능히 아시니
선서의 법이 이와 같도다.

갖가지 모든 중생들이
시방 세계에 유전하는데
여래께서 분별하지 않으시고
가없는 무리들을 제도하시도다.

모든 부처님의 진금 빛이
있는 것 아니나 모든 존재에 두루하시어
중생들의 마음에 즐겨함을 따르셔서
위하여 적멸한 법을 설하시도다.

그때에 광명이 천 세계를 지나서 동방의 십천 세계를 두루 비추었다. 남방과 서방과 북방과 네 간방과 상방과 하방도 또한 다시 이와 같이 하였다. 그 낱낱 세계 가운데 모두 백억 염부제와 내지 백억 색구경천이 있는데, 그 가운데 있는 것이 모두 다 분명하게 나타났다.

그 낱낱 염부제 가운데 여래께서 연화장 사자좌에 앉으셨는데 열 부처님 세계 미진수의 보살들에게 함께 둘러싸여 계시는 것을 다 보았다.

모두 부처님의 위신력으로 시방에 각각 한 큰 보살이 있고, 낱낱 보살이 각각 열 부처님 세계 미진수의 모든 보살들과 함께 부처님 처소에 나아갔다.

그 큰 보살은 문수사리 등이며, 좇아온 바 국토는 금색세계 등이며, 본래 섬기던 부처님은 부동지여래 등이셨다.

그때에 일체처의 문수사리 보살들이 각각 부처님 처소에서 동시에 소리를 내어 이 게송을 설하여 말씀하였다.

대비심을 일으키셔서
모든 중생들을 구호하시어
길이 인간과 천상 무리에서 벗어나셨으니
이러한 업을 마땅히 지을지어다.

마음에 항상 부처님을 즐거이 믿으셔서
그 마음이 물러나지 아니하시고
모든 여래를 친근하셨으니
이러한 업을 마땅히 지을지어다.

뜻에 부처님의 공덕을 좋아하시고
그 마음 길이 물러나지 아니하시어

청량한 지혜에 머무르시니
이러한 업을 마땅히 지을지어다.

일체 위의 가운데
항상 부처님의 공덕을 생각하셔서
밤낮으로 잠시도 끊어짐이 없으시니
이러한 업을 마땅히 지을지어다.

가없는 삼세를 관하시고
저 부처님의 공덕을 배우시되
항상 싫어하거나 게으른 마음이 없으시니
이러한 업을 마땅히 지을지어다.

몸의 여실한 모습은
일체가 다 적멸함을 관하셔서
'아'와 '무아'의 집착을 여의시니
이러한 업을 마땅히 지을지어다.

중생들의 마음을 평등하게 관하시고
모든 분별을 일으키지 아니하셔서
진실한 경계에 들어가시니
이러한 업을 마땅히 지을지어다.

가없는 세계를 다 들고
널리 일체 바닷물을 마시는 것은

신통과 지혜의 힘이시니
이러한 업을 마땅히 지을지어다.

모든 국토의
색과 색 아닌 모습을 사유하셔서
일체를 다 능히 아시니
이러한 업을 마땅히 지을지어다.

시방 국토의 티끌마다
한 티끌을 한 부처님으로 삼으셔서
그 수효를 다 능히 아시니
이러한 업을 마땅히 지을지어다.

그때에 광명이 십천 세계를 지나서 동방으로 백천 세계를 두루 비추었다. 남방과 서방과 북방과 네 간방과 상방과 하방도 또한 다시 이와 같이 하였다. 그 낱낱 세계 가운데 모두 백억 염부제와 내지 백억 색구경천이 있는데, 그 가운데 있는 것이 모두 다 분명하게 나타났다.

그 낱낱 염부제 가운데 여래께서 연화장 사자좌에 앉으셨는데 열 부처님 세계 미진수의 보살들에게 함께 둘러싸여 계시는 것을 다 보았다.

모두 부처님의 위신력으로 시방에 각각 한 큰 보살이 있고, 낱낱 보살이 각각 열 부처님 세계 미진수의 모든 보살들과 함께 부처님 처소에 나아갔다.

그 큰 보살은 문수사리 등이며, 좇아온 바 국토는 금색세계 등이며, 본래 섬기던 부처님은 부동지여래 등이셨다.

그때에 일체처의 문수사리 보살들이 각각 부처님 처소에서 동시에 소리를 내어 이 게송을 설하여 말씀하였다.

만약 위덕과
색상과 종족으로
사람 가운데
조어사를 보려 한다면
이것은 병든 눈이며
전도된 소견이라
그는 가장 수승한 법을
알 수 없으리라.

여래의 형색과
모든 모습들을
일체 세간은

측량할 수 없으니
억 나유타 겁 동안
함께 생각하여도
색상과 위덕은
더욱 끝이 없도다.

여래는 색상으로
본체를 삼지 않고
다만 모양 없는
적멸한 법이시지만
신상과 위의를
다 구족하시니

세간이 좋아함을 따라
다 보도다.

부처님의 법은 미묘하여
헤아리기 어려워
일체 언설로
능히 미칠 수 없음이라
화합도 아니고
화합 아님도 아니니
체성이 적멸하여
모든 형상이 없도다.

부처님의 몸은
남이 없어 희론을 뛰어넘어
오온의 차별한 법이
아니셔서
자재한 힘을 얻어야
결정코 보리니
행하는 바가 두려움 없어
말의 길을 여의셨도다.

몸과 마음이 다 평등하고
안과 밖이 다 해탈이라
영겁 동안 바른 생각에 머무르셔서

집착도 없고 매임도 없으시도다.

뜻이 깨끗하여 빛나고 밝은 이는
행하는 것이 염착이 없으며
지혜의 눈이 두루하지 않음이 없어서
광대하게 중생들을 이롭게 하도다.

한 몸이 한량없는 몸이 되고
한량없는 몸이 다시 한 몸이 됨이라
모든 세간을 밝게 아셔서
형상을 나타내어 일체에 두루하시도다.

이 몸은 좇아온 곳도 없으며
또한 쌓이고 모인 것도 아니나
중생들이 분별하는 까닭에
부처님의 갖가지 몸을 보도다.

마음이 세간을 분별하되
이 마음은 있는 것이 아니라
여래께서 이 법을 아시니
이와 같이 부처님의 몸을 볼지니라.

그때에 광명이 백천 세계를 지나서
동방으로 백만 세계를 두루 비추었

다. 남방과 서방과 북방과 네 간방과 상방과 하방도 또한 다시 이와 같이 하였다. 그 낱낱 세계 가운데 모두 백억 염부제와 내지 백억 색구경천이 있는데, 그 가운데 있는 것이 모두 다 분명하게 나타났다.

그 낱낱 염부제 가운데 여래께서 연화장 사자좌에 앉으셨는데 열 부처님 세계 미진수의 보살들에게 함께 둘러싸여 계시는 것을 다 보았다.

모두 부처님의 위신력으로 시방에 각각 한 큰 보살이 있고, 낱낱 보살이 각각 열 부처님 세계 미진수의 모든 보살들과 함께 부처님 처소에 나아갔다.

그 큰 보살은 문수사리 등이며, 좇아온 바 국토는 금색세계 등이며, 본래 섬기던 부처님은 부동지여래 등이셨다.

그때에 일체처의 문수사리 보살들이 각각 부처님 처소에서 동시에 소리를 내어 이 게송을 설하여 말씀하였다.

여래께서 가장 자재하시어
세상을 초월하여 의지한 바 없으시며
일체의 공덕을 갖추셔서
모든 세상을 제도하시도다.

물듦도 없고 집착한 바도 없으시며
생각도 없고 의지함도 없으셔서
체성을 헤아릴 수 없으나
보는 이가 다 찬탄하도다.

광명이 두루 청정하시며
번뇌를 다 씻어 제거하셔서

움직이지 않고 두 변을 여의시니
이것이 여래의 지혜로다.

만약 어떤 이가 여래께서
몸과 마음에 분별을 여의신 것을 보면
곧 일체 법에서
모든 의심을 영원히 벗어나리라.

일체 세간 가운데
곳곳에서 법륜을 굴리시되
자성도 없고 굴리는 바도 없으시니
도사의 방편의 말씀이로다.

법에 의혹이 없고
모든 희론을 길이 끊어서
분별하는 마음을 내지 아니하면
이것이 부처님의 보리를 생각함이니라.

차별한 법을 요달해 알고
언설에 집착하지 아니하여
하나와 많음이 없으면
이 이름이 부처님 가르침을 따름이니라.

많음 가운데 하나의 성품이 없고
하나에도 또한 많음이 없으니

이와 같이 둘을 함께 버리면
부처님의 공덕에 널리 들어가리라.

중생과 국토가
일체가 다 적멸하니
의지함도 없고 분별함도 없으면
부처님의 보리에 능히 들어가리라.

중생과 국토가
하나다 다르다 할 수 없으니
이와 같이 잘 관찰하면
부처님 법의 뜻을 안다고 이름하리라.

그때에 광명이 백만 세계를 지나서 동방으로 일억 세계를 두루 비추었다. 남방과 서방과 북방과 네 간방과 상방과 하방도 또한 다시 이와 같이 하였다.

그 낱낱 세계 가운데 모두 백억 염부제와 내지 백억 색구경천이 있는데, 그 가운데 있는 것이 모두 다 분명하게 나타났다.

그 낱낱 염부제 가운데 각각 여래께서 연화장 사자좌에 앉으셨는데 열 부처님 세계 미진수의 보살들에게 함께 둘러싸여 계시는 것을 보았다.

모두 부처님의 위신력으로 시방에 각각 한 큰 보살이 있고, 낱낱 보살이 각각 열 부처님 세계 미진수의 모든 보살들과 함께 부처님 처소에 나아갔다.

그 큰 보살은 문수사리 등이며, 좇아온 바 국토는 금색세계 등이며, 본래 섬기던 부처님은 부동지여래 등이셨다.

그때에 일체처의 문수사리 보살들

이 각각 부처님 처소에서 동시에 소리를 내어 이 게송을 설하여 말씀하였다.

　　지혜는 같음이 없고
　　법은 가없으며
　　모든 세상바다를 뛰어넘어
　　피안에 이르시고
　　수명과 광명도
　　다 비할 데 없으시니
　　이것은 공덕 있는 분의
　　방편의 힘이로다.

있는 바 부처님의 법을
모두 밝게 아시고
항상 삼세를 관하되
싫어하거나 게으름이 없으시며
비록 경계를 반연하나
분별하지 아니하시니
이것은 생각하기 어려운 분의
방편의 힘이로다.

중생을 즐겨 보되
중생이라는 생각이 없으시고
모든 갈래를 널리 보되

갈래라는 생각이 없으시며
항상 선정에 머무르되
매이는 마음이 없으시니
이것은 걸림 없는
지혜 방편의 힘이로다.

교묘한 방편으로
일체 법을 통달하시며
바른 생각으로
열반의 도를 부지런히 닦으셔서
해탈을 즐기고
평등하지 않음을 여의셨으니

이것은 적멸한 분의
방편의 힘이로다.

능히 부처님의 보리에
회향하기를 권하시며
저 법계의
일체지에 나아가시며
중생들을 잘 교화하여
진리에 들게 하시니
이것은 부처님 마음에 머무르신
방편의 힘이로다.

부처님께서 설하신 법에
다 따라 들어가시며
넓고 큰 지혜가
걸리는 바가 없으시며
일체처에 다니는 일
모두 이르시니
이것은 자재하게 닦으신
방편의 힘이로다.

항상 열반에 머물러도
허공과 같으시며
마음 따라 화현하여

두루하시니
이것은 모양 없음에 의지하여
모양을 삼으심이라
도달하기 어려운 데 도달하신 분의
방편의 힘이로다.

낮과 밤과
날과 달과 해와 겁과
세계의 시작과 끝과
이루어지고 무너지는 모양의
이러한 것을 생각하여
다 요달해 아시니

이것은 시간과 숫자의 지혜인
방편의 힘이로다.

일체 중생의
생멸과
색과 비색과
상과 비상의
있는 바 이름을
다 요달해 아시니
이것은 생각하기 어려운 데
머무르신 방편의 힘이로다.

과거와 현재와
미래세의
있는 바 언설을
모두 능히 요달하셔서
삼세가 다
평등함을 아시니
이것은 비할 데 없이 아시는
방편의 힘이로다.

그때에 광명이 일억 세계를 지나서 동방으로 십억 세계를 두루 비추었다. 남방과 서방과 북방과 네 간방과 상방과 하방도 또한 다시 이와 같이 하였다. 그 낱낱 세계 가운데 모두 백억 염부제와 내지 백억 색구경천이 있는데, 그 가운데 있는 것이 모두 다 분명하게 나타났다.

그 낱낱 염부제 가운데 여래께서 연화장 사자좌에 앉으셨는데 열 부처님 세계 미진수의 보살들에게 함께 둘러싸여 계시는 것을 다 보았다.

모두 부처님의 위신력으로 시방에 각각 한 큰 보살이 있고, 낱낱 보살이 각각 열 부처님 세계 미진수의 모든 보살들과 함께 부처님 처소에 나아갔다.

그 큰 보살은 문수사리 등이며, 좇아온 바 국토는 금색세계 등이며, 본래 섬기던 부처님은 부동지여래 등이셨다.

그때에 일체처의 문수사리 보살들이 각각 부처님 처소에서 동시에 소리를 내어 이 게송을 설하여 말씀하였다.

광대한 고행을
다 닦아 익히시되
밤낮으로 정근하여
싫어하거나 게으름이 없으셔서
제도하기 어려운 이를
이미 제도하신 사자후로
널리 중생들을 교화하심이
그 행이로다.

중생들이 애욕바다에
유전하면서
무명의 그물에 덮여

크게 근심하거늘
지극히 어지신 이가
용맹하게 다 끊으시니
서원도 또한 당연히
그 행이로다.

세간 중생들이 방일하고
오욕에 집착하여
실답지 못한 분별로
온갖 고통을 받으니
부처님의 가르침을 받들어 행하여
항상 마음을 거두셔서

이들을 제도하기를 서원하심이
그 행이로다.

중생들이 '나'에 집착하여
생사에 들어가
그 끝을 구하여도
찾을 수 없으니
널리 여래를 섬겨
묘한 법을 얻으셔서
그들을 위해 선설하심이
그 행이로다.

중생들이 의지가 없고
병에 얽히어
항상 악취에 빠져
삼독을 일으켜서
크고 맹렬한 불길에
항상 타오르니
깨끗한 마음으로 그들을 제도하심이
그 행이로다.

중생들이 미혹하여
바른 길을 잃어서
늘 삿된 길을 걸어

어두운 집에 들어가니
그들을 위해 정법의 등을
크게 밝히셔서
길이 밝게 비추심이
그 행이로다.

중생들이
모든 존재바다에 빠져서
근심과 어려움이 끝이 없어
머무르지 못하니
그들을 위해
큰 법의 배를 만드셔서

모두 제도를 얻게 하심이
그 행이로다.

중생들이 무지하여
근본을 보지 못해서
미혹하고 어리석어
험난한 길로 달아나니
부처님께서 그들을 애민히 여겨
법의 다리를 세우셔서
바른 마음으로 오르게 하심이
그 행이로다.

모든 중생들이
험한 길에서
늙고 병들고 죽는 고통에
항상 쫓김을 보시고
모든 방편을
한량없이 닦으셔서
맹세코 다 제도하심이
그 행이로다.

법을 듣고 믿고 이해하여
의혹이 없으시며
성품이 공적함을 알아

놀라지 아니하시고
형상은 육도를 따라
시방에 두루하시어
중생들을 널리 교화하심이
그 행이로다.

그때에 광명이 십억 세계를 지나서 동방으로 백억 세계와 천억 세계와 백천억 세계와 나유타억 세계와 백 나유타억 세계와 천 나유타억 세계와 백천 나유타억 세계와, 이와 같이 수없고, 한량없고, 가없고, 같음이 없고, 셀 수 없고, 일컬을 수 없고, 생각할 수 없고, 헤아릴 수 없고, 말할 수 없는, 온 법계 허공계에 있는 세계를 두루 비추었다. 남방과 서방과 북방과 네 간방과 상방과 하방도 또한 다시 이와 같이 하였다.

그 낱낱 세계 가운데 모두 백억 염부제와 내지 백억 색구경천이 있는데, 그 가운데 있는 것이 모두 다 분명하게 나타났다.

그 낱낱 염부제 가운데 여래께서 연화장 사자좌에 앉으셨는데, 열 부처님 세계 미진수의 보살들에게 함께 둘러싸여 계시는 것을 다 보았다.

모두 부처님의 위신력으로 시방에 각각 한 큰 보살이 있고, 낱낱 보살이 각각 열 부처님 세계 미진수의 모든 보살들과 함께 부처님 처소에 나아갔다.

그 큰 보살은 문수사리 등이며, 좇아온 바 국토는 금색세계 등이며, 본래 섬기던 부처님은 부동지여래 등이셨다.

그때에 일체처의 문수사리 보살들

이 각각 부처님 처소에서 동시에 소리를 내어 이 게송을 설하여 말씀하였다.

　　한 생각에 한량없는 겁을
　　널리 관하시니
　　감도 없고 옴도 없고
　　머무름도 없음이라
　　이와 같이 삼세의 일을
　　요달해 아셔서
　　모든 방편을 뛰어넘어
　　십력을 이루셨도다.

시방에 비할 데 없는
훌륭한 명칭이여
모든 어려움을 영원히 떠나
항상 환희하시며
일체 국토 가운데
널리 나아가셔서
널리 이와 같은 법을
선양하시도다.

중생들을 이롭게 하려고
부처님께 공양하셔서
그 뜻과 같이

상사한 결과를 얻으시고
일체 법을
다 수순해 아셔서
시방에 두루하여 위신력을
나타내시도다.

처음부터 부처님께 공양하고
뜻이 부드러우시며
깊은 선정에 들어가
법성을 관하시고
중생들에게 널리 권하여
도심을 내게 하시니

이것으로 위없는 결과를
빨리 이루셨도다.

시방으로 법을 구하여
마음에 다름이 없고
공덕을 닦아
만족케 하며
있고 없는 두 모양을
다 소멸해 없애면
이 사람은 부처님을
참으로 보리라.

널리 시방의
모든 국토에 가서
미묘한 법을 널리 설해
의리를 일으키되
실제에 머물러
동요하지 않으면
이 사람의 공덕은
부처님과 같으리라.

여래께서 굴리시는
미묘한 법륜은
일체가 다

보리에 나아가는 길이니
만약 능히 듣고 나서
법성을 깨달으면
이러한 사람은
항상 부처님을 보리라.

십력이 공하여 환과 같음을
보지 못하면
비록 보아도 보지 못함이
맹인의 봄과 같아서
분별하여 모양을 취하면
부처님을 보지 못하니

필경에 집착을 떠나야
이에 능히 보리라.

중생이 업을 따라
갖가지 다름을
시방의 안팎으로
다 보기 어려우니
부처님 몸이 걸림 없어
시방에 두루하심을
다 보지 못함도
또한 이와 같도다.

비유하면 허공 가운데
한량없는 세계가
옴도 없고 감도 없이
시방에 두루하되
생겨나고 없어짐이
의지한 데 없듯이
부처님께서 허공에 두루하심도
또한 이와 같도다.

대방광불화엄경
제13권

10. 보살문명품

_____ 은(는) 『대방광불화엄경』을
사경하는 인연공덕으로
『화엄경』이 널리 유통되고
우리 모두 다함께 보리 이루기를 발원하옵니다.

대방광불화엄경
제13권

10. 보살문명품

그때에 문수사리 보살이 각수 보살에게 물어 말씀하였다.

"불자여, 마음의 성품은 하나인데 어찌하여 갖가지 차별이 있음을 봅니까? 이른바 좋은 곳에 태어나기도

하고 나쁜 곳에 태어나기도 하며, 모든 근이 원만하기도 하고 모자라기도 하며, 생을 받음이 같기도 하고 다르기도 하며, 단정하기도 하고 누추하기도 하며, 고통을 받고 즐거움을 받는 것이 같지 않습니다.

업이 마음을 알지 못하고 마음이 업을 알지 못하며, 느낌이 과보를 알지 못하고 과보가 느낌을 알지 못하며, 마음이 느낌을 알지 못하고 느낌이 마음을 알지 못하며, 인이 연을 알지 못하고 연이 인을 알지 못하며,

지혜가 경계를 알지 못하고 경계가
지혜를 알지 못합니다."

그때에 각수 보살이 게송으로 답하
여 말씀하였다.

인자가 지금 이런 뜻을 묻는 것은
중생들을 밝게 깨우치기 위함이라
내가 그 성품과 같이 답하리니
오직 인자여, 마땅히 자세히 들으소서.

모든 법은 작용이 없으며
또한 체성도 없으니
그러므로 저 일체가
각각 서로 알지 못하니라.

비유하면 강 가운데 물이
빠르게 흐르며 다투어 달려가지만
각각 서로 알지 못하듯이
모든 법도 또한 이와 같으니라.

또한 큰 불무더기가
맹렬한 불꽃을 동시에 내지만

각각 서로 알지 못하듯이
모든 법도 또한 이와 같으니라.

또 강한 바람이 불어올 때
물건에 닿으면 다 흔들리지만
각각 서로 알지 못하듯이
모든 법도 또한 이와 같으니라.

또 여러 땅덩이가
차례차례 의지하여 머무르지만
각각 서로 알지 못하듯이
모든 법도 또한 이와 같으니라.

눈과 귀와 코와 혀와 몸과
마음과 뜻과 모든 정식의 근들이
이로써 항상 유전하지만
능히 유전하는 이가 없도다.

법성은 본래 생겨남이 없으나
나타내 보여서 생겨남이 있으니
이 가운데는 능히 나타내는 이도 없고
또한 나타나는 사물도 없도다.

눈과 귀와 코와 혀와 몸과
마음과 뜻과 모든 정식의 근들이

일체가 공하여 자성이 없지만
망심으로 분별하여 있도다.

이치대로 관찰하면
일체가 다 자성이 없으니
법안은 부사의함이라
이렇게 보는 것이 전도가 아니니라.

진실함과 진실하지 않음과
허망함과 허망하지 않음과
세간과 출세간이
다만 거짓 언설일 뿐이니라.

그때에 문수사리 보살이 재수 보살에게 물어 말씀하였다.

"불자여, 일체 중생이 중생이 아니라면, 어찌하여 여래께서 그 때를 따르시며 그 수명을 따르시며 그 몸을 따르시며 그 행을 따르시며 그 이해를 따르시며 그 언론을 따르시며 그 마음에 즐겨함을 따르시며 그 방편을 따르시며 그 사유를 따르시며 그 관찰함을 따르셔서, 이와 같은 모든 중생들 가운데 그 몸을 나타내어 교화하고 조복하십니까?"

그때에 재수 보살이 게송으로 답하여 말씀하였다.

이것은 적멸을 좋아하는
많이 들은 이들의 경계라
내가 인자를 위하여 선설하리니
인자여, 이제 마땅히 들으소서.

분별하여 이 몸을 관찰하면
이 가운데 무엇이 '나'인가?

만약 능히 이와 같이 이해하면
그는 '나'의 있고 없음을 요달하리라.

이 몸은 임시로 안립하여
머무르는 곳도 방소가 없으니
이 몸을 참으로 요달한 이는
여기에 집착하지 아니하리라.

몸을 잘 관찰하여
일체를 모두 밝게 보면
법이 다 허망함을 알아서
마음에 분별을 일으키지 아니하리라.

수명은 무엇을 인하여 생기며
또 무엇을 인하여 없어지는가?
마치 회전하는 불 바퀴와 같아서
처음과 끝을 알지 못하리라.

지혜로운 이는 능히
일체 존재가 무상하며
모든 법이 공하여 무아임을 관찰하여
일체 형상을 영원히 여의니라.

온갖 과보가 업을 따라 생기는 것이
꿈과 같아서 진실하지 않으니

순간순간 항상 소멸하여
앞과 같이 뒤도 또한 그러하니라.

세간에서 보는 바 법이
다만 마음으로 주인이 되거늘
이해를 따라 온갖 모양을 취하니
전도하여 실답지 못하도다.

세간에서 말로 논하는 것이
일체가 분별이니
일찍이 한 법도
법성에 들어감이 없도다.

반연의 주체와 대상의 힘으로
갖가지 법이 출생하여
빨리 소멸하고 잠깐도 머무르지 아니하니
순간순간 모두 그러하니라.

그때에 문수사리 보살이 보수 보살에게 물어 말씀하였다.

"불자여, 일체 중생이 동등하게 사대가 있되 '나'도 없고 '내 것'도 없거늘, 어찌하여 괴로움을 받고 즐거움을 받으며, 단정하고 누추하며, 안으로 좋아하고 밖으로 좋아하며, 적게 받고 많이 받으며, 혹은 현재 과보를 받고 혹은 후세에 과보를 받음이 있습니까? 그러나 법계 가운데는 아름다운 것도 없고 악한 것도 없습니다."

그때에 보수 보살이 게송으로 답하여 말씀하였다.

그 행한 업을 따라서
이와 같은 과보가 생기나

지은 이가 없으니
모든 부처님께서 말씀하신 바로다.

비유하면 깨끗하고 밝은 거울이
그 대하는 물질을 따라
영상을 나타냄이 각각 같지 않듯이
업의 성품도 또한 이와 같도다.

또 밭과 종자가
각각 서로 알지 못하나
자연히 능히 출생하듯이
업의 성품도 또한 이와 같도다.

또 교묘한 마술사가
저 네거리에서
온갖 색상을 나타내 보이듯이
업의 성품도 또한 이와 같도다.

기관으로 만든 나무 인형이
갖가지 소리를 능히 내지만
그것은 '나'와 '나 아님'이 없듯이
업의 성품도 또한 이와 같도다.

또 온갖 새들이
알 속에서 나왔으나

소리는 각각 같지 않듯이
업의 성품도 또한 이와 같도다.

비유하면 태 속에서
모든 근이 다 이루어지나
체상은 온 곳이 없듯이
업의 성품도 또한 이와 같도다.

또 지옥에서
갖가지 모든 고통스러운 일들이
그 모두 온 곳이 없듯이
업의 성품도 또한 이와 같도다.

비유하면 전륜왕이
수승한 칠보를 성취하지만
온 곳을 얻지 못하듯이
업의 성품도 또한 이와 같도다.

또 모든 세계가
큰 불에 타버리는 것이나
이 불은 온 곳이 없듯이
업의 성품도 또한 이와 같도다.

그때에 문수사리 보살이 덕수 보살

에게 물어 말씀하였다.

"불자여, 여래께서 깨달으신 것은 오직 이 한 법뿐인데, 어찌하여 이에 한량없는 모든 법을 설하시며 한량없는 세계를 나타내시며 한량없는 중생을 교화하시며 한량없는 음성을 펴시며 한량없는 몸을 보이시며 한량없는 마음을 아시며 한량없는 신통을 나타내시며 한량없는 세계를 널리 능히 진동하시며 한량없는 수승한 장엄을 나타내 보이시며 가없는 갖가지 경계를 나타내 보이십니까?
그러나 법의 성품 가운데는 이러한
차별한 모습을 다 얻을 수 없습니다."

그때에 덕수 보살이 게송으로 답하
여 말씀하였다.

불자가 물은 뜻은
매우 깊어 알기 어려우니
지혜 있는 이가 이것을 능히 알아서
항상 부처님의 공덕을 즐기도다.

비유하면 땅의 성품은 하나인데
중생들이 각각 달리 살지만
땅은 하나다 다르다는 생각이 없듯이
모든 부처님의 법도 이와 같도다.

또 불의 성품은 하나인데
능히 일체 사물을 태우지만
불꽃은 분별이 없듯이
모든 부처님의 법도 이와 같도다.

또 큰 바다는 하나인데
파도는 천만 가지로 다르지만

물은 갖가지 다름이 없듯이
모든 부처님의 법도 이와 같도다.

또 바람의 성품은 하나인데
일체 사물에 능히 불지만
바람은 하나다 다르다는 생각이 없듯이
모든 부처님의 법도 이와 같도다.

또 큰 구름과 우레가
널리 일체 땅에 비를 내리지만
빗방울은 차별이 없듯이
모든 부처님의 법도 이와 같도다.

또 땅덩이는 하나인데
갖가지 싹을 능히 내지만
땅은 다름이 없듯이
모든 부처님의 법도 이와 같도다.

해가 구름에 가리지 않아
널리 시방을 비추지만
광명은 다른 성품이 없듯이
모든 부처님의 법도 이와 같도다.

또 허공 가운데 달을
세간에서 다 보지만

달이 그곳에 간 것은 아니듯이
모든 부처님의 법도 이와 같도다.

비유하면 대범천왕이
마땅히 삼천세계에 가득 나타나지만
그 몸은 다른 차이가 없듯이
모든 부처님의 법도 이와 같도다.

그때에 문수사리 보살이 목수 보살에게 물어 말씀하였다.

"불자여, 여래의 복전이 평등하게 하나여서 다름이 없는데, 어찌하여 중생들이 보시함에 과보가 같지 않음을 봅니까?

이른바 갖가지 색과 갖가지 형상과 갖가지 집과 갖가지 근과 갖가지 재물과 갖가지 주인과 갖가지 권속과 갖가지 벼슬 지위와 갖가지 공덕과 갖가지 지혜입니다. 그러나 부처님께서는 그것에 그 마음이 평등하여 다른 생각이 없으십니다."

그때에 목수 보살이 게송으로 답하여 말씀하였다.

비유하면 대지는 하나인데
종자를 따라 각각 싹을 내되
거기에 원수와 친한 이가 없듯이
부처님의 복전도 또한 그러하니라.

또 물은 한 맛인데
그릇을 인해서 차별이 있듯이
부처님의 복전도 또한 그러하여
중생의 마음인 까닭에 다르니라.

또한 교묘한 마술사가
능히 여러 사람을 환희하게 하듯이
부처님의 복전도 이와 같아서
중생들로 하여금 공경하고 기쁘게 하느니라.

마치 재주 있고 지혜로운 왕이
능히 대중들을 기쁘게 하듯이
부처님의 복전도 이와 같아서
대중들을 모두 안락하게 하느니라.

비유하면 깨끗하고 밝은 거울이
색상을 따라 영상을 나타내듯이

부처님의 복전도 이와 같아서
마음을 따라 온갖 과보를 얻느니라.

마치 아가타약이
능히 일체 독을 치료하듯이
부처님의 복전도 이와 같아서
모든 번뇌의 근심을 소멸하느니라.

또한 해가 뜰 때에
세간을 밝게 비추듯이
부처님의 복전도 이와 같아서
모든 어두움을 없애느니라.

또 청정한 보름달이
대지를 널리 비추듯이
부처님의 복전도 또한 그러하여
일체처에 평등하도다.

비유하면 거센 폭풍이
대지를 널리 진동시키듯이
부처님의 복전도 이와 같아서
삼유의 중생들을 움직이도다.

비유하면 큰 불이 일어남에
일체의 사물들을 능히 태우듯이

부처님의 복전도 이와 같아서
일체의 유위법을 태우느니라.

그때에 문수사리 보살이 근수 보살에게 물어 말씀하였다.

"불자여, 부처님의 가르침은 하나인데, 중생들이 보고 어찌하여 즉시에 일체 모든 번뇌의 속박을 모두 끊어 벗어나지 못합니까?
그러나 그 색온과 수온과 상온과

행온과 식온과, 욕계와 색계와 무색계와, 무명과 탐애는 차별이 없으니, 이것은 곧 부처님의 가르침이 모든 중생들에게 혹은 이익이 있기도 하고 혹은 이익이 없기도 한 것입니다."

그때에 근수 보살이 게송으로 답하여 말씀하였다.

불자여, 자세히 잘 들으소서
내가 이제 여실히 답하리니

혹 어떤 이는 빨리 해탈하고
혹 어떤 이는 벗어나기 어려우니라.

만약 한량없는 모든 허물을
없애고자 한다면
마땅히 부처님의 법 가운데서
용맹하게 항상 정진할지니라.

비유하면 조그마한 불은
땔감이 젖어 있으면 빨리 꺼지듯이
부처님의 교법 가운데
게으른 이도 또한 그러하니라.

마치 나무를 비벼서 불을 구할 때
불이 나기 전에 자주 쉰다면
불 기운도 따라서 없어지듯이
게으른 이도 또한 그러하니라.

마치 사람이 화경을 가졌으나
물질로 햇볕을 받지 아니하면
불을 마침내 얻을 수 없듯이
게으른 이도 또한 그러하니라.

비유하면 밝은 해가 비침에
어린아이가 그 눈을 가리고서

어찌 보이지 않느냐고 말하듯이
게으른 이도 또한 그러하니라.

마치 사람이 손발도 없이
억새풀로 만든 화살로
두루 쏘아서 대지를 깨뜨리려 하듯이
게으른 이도 또한 그러하니라.

마치 한 터럭 끝으로
큰 바다의 물을 찍어 내어
모두 말리려 하듯이
게으른 이도 또한 그러하니라.

또 겁화가 일어날 적에
적은 물로 끄려고 하듯이
부처님의 교법 가운데
게으른 이도 또한 그러하니라.

어떤 이가 허공을 보고
단정히 앉아서 움직이지 않고
말로만 허공에 올랐다고 하듯이
게으른 이도 또한 그러하니라.

그때에 문수사리 보살이 법수 보살

에게 물어 말씀하였다.

"불자여, 부처님께서 말씀하신 바와 같이 만약 어떤 중생이 바른 법을 받아 지니면 다 능히 일체 번뇌를 끊어 없앨 것인데, 무슨 연고로 다시 바른 법을 받아 지니고도 끊지 못하는 이가 있습니까?

탐욕과 성냄과 어리석음을 따르고 아만을 따르고 감춤을 따르고 분심을 따르고 한을 따르고 질투를 따르고 아낌을 따르고 속임을 따르고 아첨을 따르는 것이, 힘에 구르는 바 되어 여의려는 마음이 없습니다. 정법을 능히 받아 지니고도 무슨 연고로 다시 십행 안에 모든 번뇌를 일으킵니까?"

그때에 법수 보살이 게송으로 답하여 말씀하였다.

불자여, 자세히 잘 들으소서
물은 것이 여실한 뜻이니
다만 많이 듣는 것만으로는
여래의 법에 능히 들어가지 못하니라.

어떤 사람이 물에 떠내려가면서
빠질까 두려워 목말라 죽는 것과 같이
법을 수행하지 아니하면
많이 들음도 또한 이와 같도다.

어떤 사람이 좋은 음식을 차려 놓고도
스스로 주리면서 먹지 않는 것과 같이
법을 수행하지 아니하면
많이 들음도 또한 이와 같도다.

어떤 사람이 약방문을 잘 알면서도
자신의 병은 능히 고치지 못하듯이

법을 수행하지 아니하면
많이 들음도 또한 이와 같도다.

어떤 사람이 남의 보물을 세면서
자기에게는 반 푼도 없듯이
법을 수행하지 아니하면
많이 들음도 또한 이와 같도다.

마치 왕궁에서 태어났으나
배고프고 추위에 떠는 것과 같이
법을 수행하지 아니하면
많이 들음도 또한 이와 같도다.

마치 귀먹은 이가 음악을 연주함에
남은 기쁘게 하나 자신은 듣지 못하듯이
법을 수행하지 아니하면
많이 들음도 또한 이와 같도다.

마치 눈먼 이가 온갖 형상을 그림에
남에게는 보이면서 자신은 보지 못하듯이
법을 수행하지 아니하면
많이 들음도 또한 이와 같도다.

비유하면 바다의 뱃사공이
바다 가운데서 죽는 것과 같이

법을 수행하지 아니하면
많이 들음도 또한 이와 같도다.

마치 네거리 길에서
온갖 좋은 일을 널리 설하되
안으로 자신에게는 진실한 공덕이 없듯이
행하지 않음도 또한 이와 같도다.

그때에 문수사리 보살이 지수 보살에게 물어 말씀하였다.

"불자여, 불법 가운데 지혜가 으뜸이거늘 여래께서 무슨 연고로 혹은 중생을 위하여 보시를 찬탄하시며, 혹은 지계를 찬탄하시며, 혹은 인욕을 찬탄하시며, 혹은 정진을 찬탄하시며, 혹은 선정을 찬탄하시며, 혹은 지혜를 찬탄하시며, 혹은 다시 자비 희사를 찬탄하십니까?

그러나 마침내 오직 한 법만으로 벗어남을 얻어서 아뇩다라삼먁삼보리를 이루는 이는 없습니다."

그때에 지수 보살이 게송으로 답하여 말씀하였다.

불자여, 매우 희유합니다
중생의 마음을 능히 알아서
인자의 물은 바 뜻과 같으니
내가 이제 설함을 자세히 들으소서.

과거와 미래세와
현재의 모든 도사께서
한 법만을 설하시어
도를 얻으시는 분은 없느니라.

부처님께서는 중생의 마음과
성품이 각각 같지 않음을 아셔서
그 마땅히 제도할 바를 따르시어
이와 같이 법을 설하시니라.

인색한 이에게는 보시를 찬탄하시고
금계를 훼손한 이에게는 계를 찬탄하시며
성냄이 많으면 인욕을 칭찬하시고
게으른 이에게는 정진을 찬탄하시도다.

생각이 어지러우면 선정을 찬탄하시고
어리석으면 지혜를 찬탄하시며

어질지 못하면 자애와 애민을 찬탄하시고
노하여 해치면 대비를 찬탄하시도다.

근심하면 환희를 찬탄하시고
마음이 굽으면 버릴 것을 찬탄하시니
이와 같이 차례로 수행하면
점점 모든 부처님의 법을 갖추리라.

마치 집터와 담장을 먼저 세우고
이후에 집을 짓듯이
보시와 계행도 또한 다시 그러하여
보살의 온갖 행의 근본이니라.

비유하면 성곽을 세우는 것은
모든 백성들을 보호하기 위함이듯이
인욕과 정진도 또한 이와 같아서
모든 보살들을 보호하느니라.

비유하면 큰 힘을 가진 왕을
온 천하가 다 우러러 받들듯이
선정과 지혜도 또한 이와 같아서
보살들의 의지하는 곳이니라.

또한 전륜왕이
능히 일체 즐거움을 주듯이

자비희사도 또한 이와 같아서
모든 보살들에게 즐거움을 주느니라.

그때에 문수사리 보살이 현수 보살에게 물어 말씀하였다.

"불자여, 모든 부처님 세존께서는 오직 한길로 벗어남을 얻으셨는데, 어찌하여 지금 일체 부처님 국토에 있는 온갖 일이 갖가지로 같지 않음을 봅니까?

이른바 세계와 중생계와 설법과 조복과 수명과 광명과 신통과 대중모임과 가르치는 의식과 법의 머무름이 각각 차별이 있습니다. 일체 불법을 구족하지 않고 아뇩다라삼먁삼보리를 성취한 이가 없습니다."

그때에 현수 보살이 게송으로 답하여 말씀하였다.

문수여, 법이 항상 그러하여
법왕께서는 오직 한 법뿐이시니

일체에 걸림 없는 사람은
한길로 생사를 벗어나도다.

일체 모든 부처님의 몸이
오직 한 법신뿐이시며
한 마음 한 지혜이시니
힘과 두려움 없음도 또한 그러하도다.

처음 보리에 나아갈 적에
가진 바 회향심과 같이 해서
이와 같은 세계와
대중모임과 설법을 얻으시도다.

일체 모든 부처님의 세계가
장엄하여 다 원만하지만
중생들의 행이 다름을 따라서
이와 같이 보는 것도 같지 않도다.

부처님 세계와 부처님 몸과
대중모임과 그리고 언설이여
이와 같은 모든 부처님 법을
중생들은 능히 볼 수 없도다.

그 마음이 이미 청정하고
모든 원이 다 구족하여

이와 같이 밝게 통달한 사람이라야
이것을 능히 보리라.

중생들의 마음에 즐기는 것과
업으로 과보 받는 힘을 따라서
이와 같이 차별함을 보니
이것은 부처님의 위신력인 까닭이니라.

부처님의 세계는 분별이 없으며
미워함도 없고 사랑함도 없으나
다만 중생들의 마음을 따라서
이와 같이 다름이 있음을 보느니라.

그러므로 세계에서
보는 것이 각각 차별하니
일체 여래와
큰 신선의 허물이 아니로다.

일체 모든 세계에서
마땅히 교화를 받을 이는
사람 중의 영웅을 항상 보나니
모든 부처님의 법이 이와 같도다.

그때에 모든 보살들이 문수사리 보

살에게 말씀하였다.

"불자여, 우리들이 아는 것을 각자 말씀드렸으니, 오직 원컨대 인자는 미묘한 변재로 여래의 소유하신 경계를 말씀해주소서.

어떤 것이 부처님의 경계이며, 어떤 것이 부처님 경계의 원인이며, 어떤 것이 부처님 경계의 제도함이며, 어떤 것이 부처님 경계의 들어감이며, 어떤 것이 부처님 경계의 지혜이며, 어떤 것이 부처님 경계의 법이며, 어떤 것이 부처님 경계의 말씀이며, 어떤 것이 부처님 경계의 앎이며, 어떤 것이 부처님 경계의 증득함이며, 어떤 것이 부처님 경계의 나타남이며, 어떤 것이 부처님 경계의 넓음입니까?"

그때에 문수사리 보살이 게송으로 답하여 말씀하였다.

여래의 깊은 경계여
그 양이 허공과 같으시니

일체 중생이 들어가되
실로 들어간 바가 없도다.

여래의 깊은 경계의
있는 바 수승하고 미묘한 원인은
억겁 동안 항상 연설하여도
또한 다시 다할 수 없도다.

그 마음과 지혜를 따라서
나아가기를 권하여 다 이익케 하시니
이와 같이 중생들을 제도하심이
모든 부처님의 경계로다.

세간의 모든 국토에
일체를 다 따라서 들어가시지만
지혜의 몸은 색상이 없으시니
그들이 볼 수 있는 바가 아니로다.

모든 부처님의 지혜가 자재하셔서
삼세에 걸리는 바가 없으시니
이와 같은 지혜의 경계가
평등하여 허공과 같도다.

법계와 중생계가
구경에 차별이 없음을

일체 모두 요달해 아시니
이것이 여래의 경계로다.

일체 세간 가운데에
있는 바 모든 음성을
부처님의 지혜로 다 따라 아시되
또한 분별이 없으시도다.

식으로 알 수 있는 것이 아니며
또한 마음의 경계도 아니니
그 성품이 본래 청정함을
모든 중생들에게 열어 보이시도다.

업도 아니고 번뇌도 아니며
사물도 없고 주처도 없으며
비춤도 없고 행할 것도 없어서
평등하게 세간에 행하시도다.

일체 중생의 마음이
삼세에 널리 있거늘
여래께서는 한 순간에
일체를 다 밝게 통달하시도다.

그때에 이 사바세계 가운데 일체

중생의 있는 바 법의 차별과 업의 차별과 세간의 차별과 몸의 차별과 근의 차별과 생을 받는 차별과 계를 지니는 과보의 차별과 계를 범하는 과보의 차별과 국토의 과보 차별이, 부처님의 위신력으로 모두 다 분명하게 나타났다.

이와 같이 동방의 백천억 나유타와 수없고, 한량없고, 가없고, 같음이 없고, 셀 수 없고, 일컬을 수 없고, 생각할 수 없고, 헤아릴 수 없고, 말할 수 없는, 온 법계 허공계의 일체 세계 가운데 있는 바 중생들의 법의 차별과 내지 국토의 과보 차별이, 모두 부처님의 위신력으로 분명하게 나타났다. 남방과 서방과 북방과 네 간방과 상방과 하방도 또한 다시 이와 같았다.

〈대방광불화엄경 제13권〉

회향송

아차보현수승행
무변승복개회향
보원침익제중생
속왕무량광불찰

시방삼세일체불
제존보살마하살
마하반야바라밀

廻向頌

我此普賢殊勝行
無邊勝福皆迴向
普願沈溺諸眾生
速往無量光佛剎

十方三世一切佛
諸尊菩薩摩訶薩
摩訶般若波羅蜜

大方廣佛華嚴經 — 부록

· 대방광불화엄경 목차

· 간행사

대방광불화엄경
목차

⟨제1회⟩

제1권	제1품	세주묘엄품 [1]
제2권	제1품	세주묘엄품 [2]
제3권	제1품	세주묘엄품 [3]
제4권	제1품	세주묘엄품 [4]
제5권	제1품	세주묘엄품 [5]
제6권	제2품	여래현상품
제7권	제3품	보현삼매품
	제4품	세계성취품
제8권	제5품	화장세계품 [1]
제9권	제5품	화장세계품 [2]
제10권	제5품	화장세계품 [3]
제11권	제6품	비로자나품

⟨제2회⟩

제12권	제7품	여래명호품
	제8품	사성제품
제13권	**제9품**	**광명각품**
	제10품	**보살문명품**
제14권	제11품	정행품
	제12품	현수품 [1]
제15권	제12품	현수품 [2]

⟨제3회⟩

제16권	제13품	승수미산정품
	제14품	수미정상게찬품
	제15품	십주품
제17권	제16품	범행품
	제17품	초발심공덕품
제18권	제18품	명법품

〈제4회〉

제19권 제19품 승야마천궁품

　　　　 제20품 야마궁중게찬품

　　　　 제21품 십행품 [1]

제20권 제21품 십행품 [2]

제21권 제22품 십무진장품

〈제5회〉

제22권 제23품 승도솔천궁품

제23권 제24품 도솔궁중게찬품

　　　　 제25품 십회향품 [1]

제24권 제25품 십회향품 [2]

제25권 제25품 십회향품 [3]

제26권 제25품 십회향품 [4]

제27권 제25품 십회향품 [5]

제28권 제25품 십회향품 [6]

제29권 제25품 십회향품 [7]

제30권 제25품 십회향품 [8]

제31권 제25품 십회향품 [9]

제32권 제25품 십회향품 [10]

제33권 제25품 십회향품 [11]

〈제6회〉

제34권 제26품 십지품 [1]

제35권 제26품 십지품 [2]

제36권 제26품 십지품 [3]

제37권 제26품 십지품 [4]

제38권 제26품 십지품 [5]

제39권 제26품 십지품 [6]

〈제7회〉

제40권 제27품 십정품 [1]

제41권 제27품 십정품 [2]

제42권 제27품 십정품 [3]

제43권 제27품 십정품 [4]

제44권 제28품 십통품

　　　　 제29품 십인품

제45권 제30품 아승지품

　　　　 제31품 수량품

　　　　 제32품 제보살주처품

제46권 제33품 불부사의법품 [1]

제47권 제33품 불부사의법품 [2]

제48권	제34품	여래십신상해품		제63권	제39품	입법계품 [4]
	제35품	여래수호광명공덕품		제64권	제39품	입법계품 [5]
제49권	제36품	보현행품		제65권	제39품	입법계품 [6]
제50권	제37품	여래출현품 [1]		제66권	제39품	입법계품 [7]
제51권	제37품	여래출현품 [2]		제67권	제39품	입법계품 [8]
제52권	제37품	여래출현품 [3]		제68권	제39품	입법계품 [9]
				제69권	제39품	입법계품 [10]
〈제8회〉				제70권	제39품	입법계품 [11]
제53권	제38품	이세간품 [1]		제71권	제39품	입법계품 [12]
제54권	제38품	이세간품 [2]		제72권	제39품	입법계품 [13]
제55권	제38품	이세간품 [3]		제73권	제39품	입법계품 [14]
제56권	제38품	이세간품 [4]		제74권	제39품	입법계품 [15]
제57권	제38품	이세간품 [5]		제75권	제39품	입법계품 [16]
제58권	제38품	이세간품 [6]		제76권	제39품	입법계품 [17]
제59권	제38품	이세간품 [7]		제77권	제39품	입법계품 [18]
				제78권	제39품	입법계품 [19]
〈제9회〉				제79권	제39품	입법계품 [20]
제60권	제39품	입법계품 [1]		제80권	제39품	입법계품 [21]
제61권	제39품	입법계품 [2]				
제62권	제39품	입법계품 [3]				

간 행 사

　귀의삼보 하옵고,

『대방광불화엄경』의 수지 독송과 유통을 발원하면서 수미정사 불전연구원에서 『독송본 한문·한글역 대방광불화엄경』과 『사경본 한글역 대방광불화엄경』을 편찬하여 간행하게 되었습니다.

『화엄경』은 우리나라에 전래된 이래 일찍부터 사경되고 주석·강설되어 왔으며 근현대에 이르러서는 『화엄경』의 한글 번역과 연구도 부쩍 많이 이루어졌습니다. 그만큼 『화엄경』이 우리 불자님들의 신행과 해탈에 큰 의지처가 되었던 것임을 알 수 있습니다.

『화엄경』을 독송하고 사경하는 공덕은 설법 공덕과 함께 크게 강조되어 왔습니다. 그리하여 수미정사 불전연구원에서도 『화엄경』(80권)을 독송하고 사경하는 데 도움이 되도록 한문 원문과 한글역을 함께 수록한 독송본과 한글역의 사경본 『화엄경』 간행불사를 발원하였습니다. 이 『화엄경』 간행불사에 뜻을 같이하여 적극 후원해주신 스님들과 재가 불자님들께 깊이 감사드립니다. 또한 『화엄경』을 수지 독송할 수 있도록 경책의 모습으로 장엄해 주신 편집위원들과 담앤북스 출판사 관계자들께도 고마움을 표합니다.

　끝으로 이 불사의 원만 회향으로 『화엄경』이 널리 유통되고, 온 법계에 부처님의 가피가 충만하시길 기원드립니다.

　나무 대방광불화엄경

불기 2564년 '부처님오신날'을 봉축하며
수미해주 합장

위태천신(동진보살)

수미해주 須彌海住

동국대학교 명예교수
중앙승가대학교 법인이사
대한불교조계종 수미정사 주지

사경본 한글역
대방광불화엄경 제13권

| 초판 1쇄 발행_ 2021년 4월 24일

| 엮은이_ 수미해주
| 엮은곳_ 수미정사 불전연구원
| 편집위원_ 해주 수정 경진 선초 정천 석도 박보람 최원섭
| 편집보_ 무이 무진 김지예

| 펴낸이_ 오세룡
| 펴낸곳_ 담앤북스
　　　　　서울특별시 종로구 새문안로3길 23 경희궁의 아침 4단지 805호
　　　　　대표전화 02)765-1251　전자우편 damnbooks@hanmail.net
　　　　　출판등록 제300-2011-115호
| ISBN_ 979-11-6201-292-5　04220

이 책은 저작권 법에 따라 보호받는 저작물이므로 무단전재와 복제를 금합니다.
이 책 내용의 전부 또는 일부를 이용하려면 반드시 저작권자와 담앤북스의 서면 동의를 받아야 합니다.

정가 10,000원
ⓒ 수미해주 2021